자두의 과학일기

자두의 과학일기 [식물]

2017년 3월 30일 초판 1쇄 발행
2023년 6월 25일 초판 7쇄 발행

글 | 서지원
그림 | 장여회

발행인 | 정동훈
편집인 | 여영아
편집 | 김지현, 김학림, 김상범, 김지수, 변지현
디자인 | 장현순
제작 | 김종훈
발행처 | ㈜학산문화사

등록 | 1995년 7월 1일 제3-632호
주소 | 서울 동작구 상도로 282 학산빌딩
전화 | 편집 문의 02-828-8873, 8823 영업 문의 02-828-8962
팩스 | 02-823-5109
홈페이지 | www.haksanpub.co.kr

ⓒ이빈, 서지원, 장여회 2017
ISBN 979-11-256-5036-2 74400
　　　979-11-256-5033-1 (세트)

※KC마크는 이 제품이 공통안전기준에 적합하였음을 의미합니다.
※이 책은 저작권법에 따라 한국 내에서 보호받는 저작물이므로 무단 전재와 무단 복제를 금합니다.
　이 책의 전부 또는 일부를 이용하려면 반드시 저작권자와 출판사의 동의를 받아야 합니다.
※잘못된 책은 바꾸어 드립니다.

자두가 가장 궁금해하는
식물 상식 25가지

[식물]

채우리

| 머리말 |

사람이 식물을 지켜 주면
식물도 사람을 지켜 줘요!

식물은 뇌가 없답니다. 그래서 생각을 하지 못하지요.

식물은 다리가 없답니다. 그래서 움직이지 못하지요.

그런데 식물은 뇌도 필요 없고, 다리도 필요 없어요.

왜냐하면 골치 아프게 생각할 필요도 없고, 먹이를 찾아

이쪽저쪽 힘들게 돌아다닐 필요도 없기 때문이에요.

식물은 자기가 먹을 밥을 스스로 만들거든요.

참 신통하지요?

그런데 어떤 사람들은 나무를 마구 베고, 숲을 불태우고

있어요. 지구는 점점 사막으로 변하고 있답니다.

최근 50년 사이에 지구에 있는 숲의 3분의 2가 사라졌어요.

만약 지구에 숲이 사라지고 식물이 모두
사라지면 정말 무서운 일이 일어날 거예요.
기상 대재앙을 일으키는 지구 온난화가 더 심해지거든요.
식물은 지구 온난화를 일으키는 온실가스인 이산화탄소를
빨아들여서 지구를 보호해 주지요.
식물은 사람을 보호하고, 지구를 지켜 줍니다.
이제는 우리가 식물을 지켜 줄 차례예요.
그것이 지구를 보호하고, 우리를 지키는 일이랍니다.

| 차례 |

1장 식물이 궁금하다!

꽃은 숨도 못 쉬는데 · 10
콧구멍이 없는데, 식물은 어디로 숨을 쉴까?

그깟 물 좀 안 먹으면 어때서? · 14
식물은 왜 밥을 안 먹을까?

밤에 잘 땐 불 좀 꺼 줘! · 18
식물도 잠을 잘까?

결혼시켜 줄게 · 22
식물도 결혼을 할까?

새 집으로 이사 가요 · 26
식물은 왜 한자리에서만 살까?

파리지옥 자랑 · 30
곤충을 잡아먹는 식물이 있다고?

2장 식물의 생활

더워서 못 자겠어! · 36
식물도 땀을 흘릴까?

용돈을 숨겨라! · 40
속씨식물은 왜 씨를 감춰 둘까?

책갈피 추억 · 44
식물의 잎은 왜 다르게 생겼을까?

나무는 나이가 많아! · 48
나이테는 왜 생길까?

우리 서로 공생해 · 52
식물을 도와주는 생물들이 있다고?

새끼를 낳았어! · 56
새끼를 낳는 식물이 있다고?

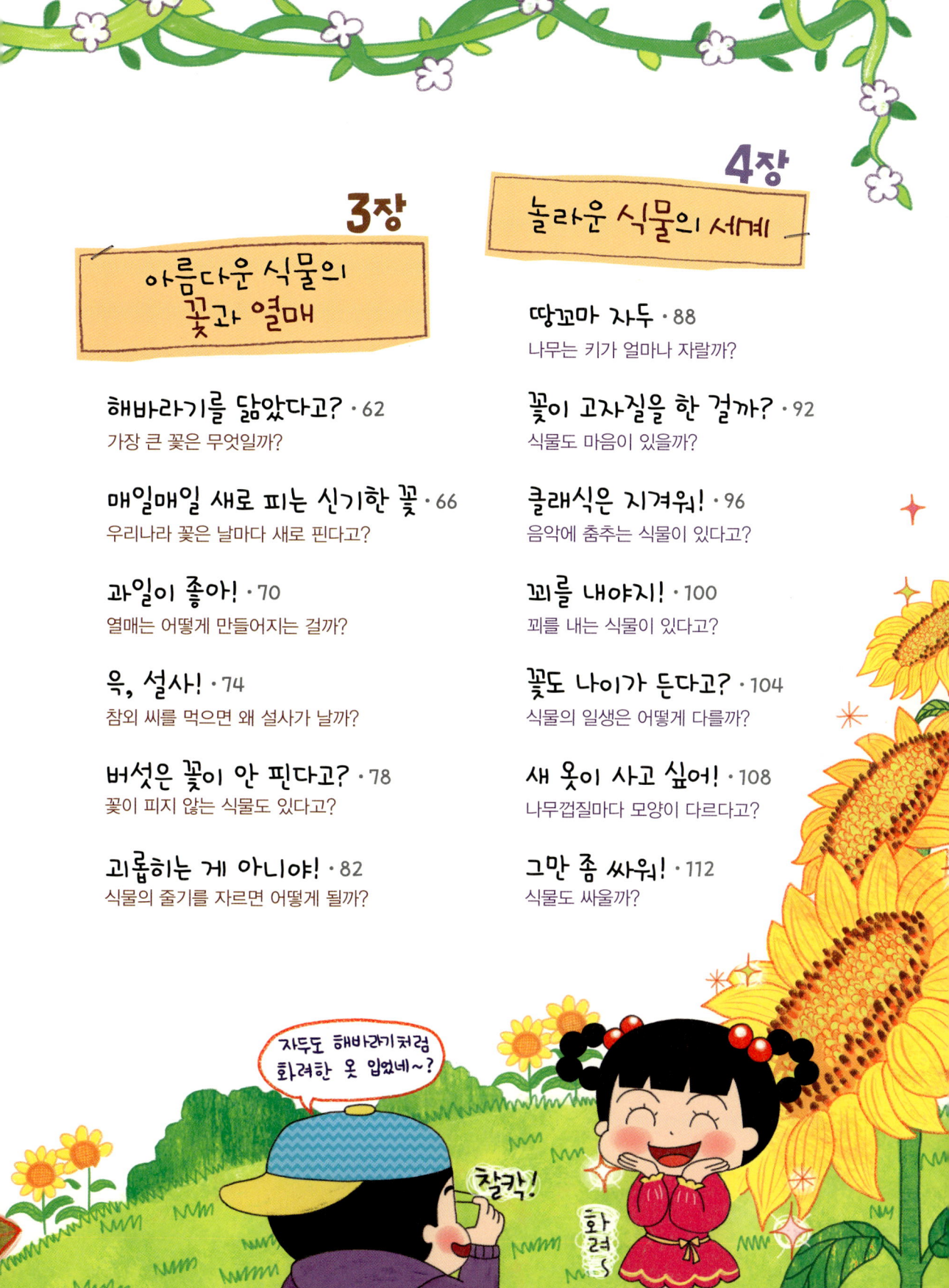

3장 아름다운 식물의 꽃과 열매

해바라기를 닮았다고? · 62
가장 큰 꽃은 무엇일까?

매일매일 새로 피는 신기한 꽃 · 66
우리나라 꽃은 날마다 새로 핀다고?

과일이 좋아! · 70
열매는 어떻게 만들어지는 걸까?

윽, 설사! · 74
참외 씨를 먹으면 왜 설사가 날까?

버섯은 꽃이 안 핀다고? · 78
꽃이 피지 않는 식물도 있다고?

괴롭히는 게 아니야! · 82
식물의 줄기를 자르면 어떻게 될까?

4장 놀라운 식물의 세계

땅꼬마 자두 · 88
나무는 키가 얼마나 자랄까?

꽃이 고자질을 한 걸까? · 92
식물도 마음이 있을까?

클래식은 지겨워! · 96
음악에 춤추는 식물이 있다고?

꾀를 내야지! · 100
꾀를 내는 식물이 있다고?

꽃도 나이가 든다고? · 104
식물의 일생은 어떻게 다를까?

새 옷이 사고 싶어! · 108
나무껍질마다 모양이 다르다고?

그만 좀 싸워! · 112
식물도 싸울까?

1장 식물이 궁금하다!

01 꽃은 숨도 못 쉬는데
콧구멍이 없는데, 식물은 어디로 숨을 쉴까?

02 그깟 물 좀 안 먹으면 어때서?
식물은 왜 밥을 안 먹을까?

03 밤에 잘 땐 불 좀 꺼 줘!
식물도 잠을 잘까?

04 결혼시켜 줄게
식물도 결혼을 할까?

05 새 집으로 이사 가요
식물은 왜 한자리에서만 살까?

06 파리지옥 자랑
곤충을 잡아먹는 식물이 있다고?

[식물과 동물의 공통점]

꽃은 숨도 못 쉬는데

4월 5일 수요일 | 날씨 따뜻한 기운이 방으로 들어온 날

아빠가 아끼는 꽃에 물을 주었다. 그런데 물을 주다 보니까 너무 많이 줘서 꽃이 물에 잠기고 말았다. 미미는 나 때문에 꽃들이 물에 잠겼다고, 숨이 막힐 거라고 했다. 그래도 나는 계속해서 물을 주었다. 왜냐하면 꽃은 숨을 안 쉴 것 같아서였다. 꽃은 코도 없고 입도 없으니까 숨을 안 쉬겠지? 그런데 꽃이 시들시들해지고 말았다. 아빠는 누가 이런 거냐며 몹시 화를 내셨다. 정말 꽃이 물속에 오래 있어서 숨이 막혀 죽은 걸까? 정말 식물도 숨을 쉬는 걸까?

알짜배기 과학 상식

콧구멍이 없는데, 식물은 어디로 숨을 쉴까?

식물도 동물처럼 숨을 쉰단다. 그런데 사람들은 식물이 코나 입으로 숨을 들이마시고 내뱉지 않기 때문에 식물은 호흡을 하지 않거나, 공기가 없어도 죽지 않을 거라고 생각하지. 그런데 이건 호흡과 광합성을 혼동하기 때문에 나타나는 오해란다.

식물에게도 콧구멍 같은 게 있어. 식물은 '기공'이란 곳을 통해서 숨을 쉬지. 기공은 그러니까 식물의 숨구멍 같은 거야. 기공은 잎에 있어. 아주 작아서 우리 눈에 보이지는 않아.

식물은 이산화탄소를 먹고 산소를 내뱉는단다. 그래서 숲에 들어가면 공기가 맑고 상쾌한 느낌이 드는 거야.

 그런데 병문안을 갈 때 꽃을 들고 가는 것이 좋지 않다고 하던데요? 식물은 사람에게 꼭 필요한 산소를 주는데 왜 안 좋아요?

 그건 꼭 맞는 말은 아니지만, 그럴 수도 있어.

 왜요?

 꽃은 녹색 이파리가 없잖아. 식물은 잎에서 산소를 내뱉거든. 꽃은 산소를 먹고 이산화탄소를 내뱉지.

밤에는 식물도 사람처럼 산소를 먹고 이산화탄소를 내뱉지. 그래서 숲을 산책할 때에는 밤보다는 낮에 하는 것이 좋다고 하는 거야. 낮에는 식물에서 맑은 산소가 많이 나오지만, 밤이 되면 이산화탄소가 나오거든.

기공

[식물에게 꼭 필요한 것들]

그깟 물 좀 안 먹으면 어때서?

| 4월 8일 토요일 | 날씨 비가 안 와 꽃들이 목마른 날 |

엄마가 동네 아줌마들하고 함께 1박 2일로 여행을 가셨다. 엄마는 여행을 가기 전에 나한테 신신당부를 하셨다. 꽃에다가 물을 주라고 말이다. 그런데 나는 놀다가 엄마가 말한 걸 깜빡하고 말았다. 그래서 꽃한테 물을 안 준 걸 비밀로 하기로 했다. 그런데 엄마가 집에 오자마자 내가 물을 안 줬다는 사실을 알아챘다. 우리 엄만 도사인 게 틀림없다! 만약 식물이 물 대신 밥을 먹었다면 잘 챙겨 줬을 텐데. 식물은 왜 밥을 안 먹는 걸까?

식물은 왜 밥을 안 먹을까?

식물은 밥을 먹지 않아도 무럭무럭 자란단다.

식물은 어떻게 영양분을 만들어요?

 식물의 녹색 잎 속에는 '엽록소'라는 것이 있어. 엽록소는 물과 햇빛, 이산화탄소를 이용해 영양분을 만들지.

식물의 잎이 녹색으로 보이는 이유는 엽록소 때문이란다. 엽록소는 광합성을 하는 데 꼭 필요해. 광합성이 뭔지 잘 들어봐. 식물은 잎으로 햇빛과 이산화탄소를 빨아들이고, 뿌리로 물과 양분을 빨아들이잖아. 빨아들인 이산화탄소로 영양분을 만들고 산소로 바꿔서 내뱉지. 이걸 바로 광합성이라고 해.

햇빛, 이산화탄소, 물, 엽록소! 이렇게 네 가지가

식물이 광합성을 할 때 꼭 필요한 거야. 햇빛이 없는 밤이 되면 식물은 광합성을 하지 못해.

$$이산화탄소 + 물 \xrightarrow{빛} 녹말 + 산소$$

광합성을 통해 식물은 녹말을 만들어 몸속에 저장해 두지. 이 녹말이 식물에게 꼭 필요한 영양분이 되는 거야.

그런데 영양분을 저장해 두는 방법은 식물마다 다르단다. 고구마나 무 같은 식물은 만들어진 영양분을 뿌리에다 저장해 두고, 사과나 복숭아 같은 식물은 영양분을 열매 속에 채워 놓는단다. 또 감자는 줄기에다 모아두기도 하지.

난 영양분을 뱃살에다 저장해 두는데……

햇빛 냠냠~

와그작~ 와그작~

[식물의 휴식]

밤에 잘 땐 불 좀 꺼 줘!

5월 14일 일요일 | 날씨 번쩍! 하고 번개가 친 날

사람은 밤이 되면 잠을 자야만 한다.

아빠도 잠을 자고, 엄마도 잠을 잔다. 나도, 미미도, 애기도 잠을 잔다. 심지어 우리 집 강아지 뽀삐도 밤이 되면 아빠 다리 밑에 웅크리고 누워서 잠을 잔다. 뽀삐는 드르렁드르렁 코까지 곤다.

하지만 식물은 동물하고 다르니까 밤에도 열심히 일을 할까?

식물한테 물어보고 싶은데 말을 알아들을 수 없으니 큰일이다.

식물아, 너희도 밤에 잠을 자니?

알짜배기 과학 상식

식물도 잠을 잘까?

식물도 밤이 되면 활동을 멈추고 잠을 잔단다. 나팔꽃은 밤이 되면 꽃잎을 오므리고, 자귀나무나 미모사, 괭이밥의 잎은 낮에 활짝 펴졌다가 밤에는 접힌단다.

민들레꽃도 마찬가지야. 낮에는 활짝 꽃잎을 벌리고 있지만 밤이 되면 잎을 오므라뜨리고 잠을 자지. 식물은 밤에는 할 일이 거의 없단다. 밤에는 동물들이 잠을 자기 때문에 꽃가루받이도 할 수 없고, 햇빛이 없으니 광합성도 할 수 없어. 그러니 꽃과 잎을 접어 놓고 아침이 될 때까지 기다리는 거야.

선생님, 그럼 식물도 겨울잠을 자나요?

곰이나 다람쥐가 겨울잠을 자듯 겨울잠을 자는 식물도 있단다.

겨울이 되면 식물은 겨울눈 속에 싹을 숨겨 두지. 낙엽이 진 목련이나 동백나무의 나뭇가지를 보면 봉오리처럼 생긴 겨울눈을 볼 수 있어.

식물들은 봄이나 여름에 미리 겨울눈을 만들어 두고, 영양분을 충분히 저장해 둔단다. 그리고 날씨가 추워지기 시작하면 나뭇잎을 모두 떨어뜨리고 앙상하게 겨울을 나지. 나뭇가지도 비쩍 마르고, 나뭇잎도 모두 떨어지고 없지만 걱정할 것 없어.

겨울눈 속에 숨어 있는 싹이 다시 잎을 만들고, 새로운 줄기를 만들 테니까.

이 속에 싹이 있는지 아무도 모를걸?!

풀은 어떻게 겨울을 나요?

풀은 대부분 한해살이 식물이야. 한해살이 식물은 겨울이 오기 전에 모두 말라 죽어. 대신 씨가 남아 있다가 봄이 오면 다시 새로운 생명을 싹 틔운단다.

쿨쿨~

[식물의 짝짓기]

결혼시켜 줄게

| 5월 23일 화요일 | 날씨 결혼식 올리기 좋은 화창한 날 |

내가 좋아하는 꽃은 빨간 장미꽃이다. 그런데 가만히 보면 노란 튤립도 예쁜 것 같다. 나는 고민하다가 둘을 결혼시켜 주기로 마음먹었다. 두 꽃은 다 예쁘니까 결혼을 하게 되면 틀림없이 예쁜 아기 꽃을 낳을 수 있을 것이다. 그러면 내가 미미보다, 애기보다 더 예뻐해 줘야지. 그런데 꽃은 어떻게 결혼을 시켜 줘야 하나? 사람처럼 웨딩드레스를 입혀야 하나? 아니면 한 화분에다가 심어 주면 되는 건가? 식물은 어떻게 결혼을 하는 걸까?

알짜배기 과학 상식

식물도 결혼을 할까?

꽃이 수정이 되어 씨를 맺으려면 '암술'과 '수술'의 꽃가루가 서로 만나야만 해. 그런데 어떤 꽃은 암술과 수술이 한꺼번에 모여 있기도 하고, 어떤 꽃은 따로따로 있기도 하지.

봄에 피는 벚꽃은 암술과 수술이 모여 있는 꽃이고, 호박꽃은 암술만 있는 암꽃, 수술만 있는 수꽃이 따로따로 피지. 그런데 꽃이 수정이 되려면 수술의 꽃가루가 암술의 머리 위에 닿아야만 해. 그래서 꽃은 화려한 색깔로 곤충을 유혹하고, 바람에 꽃가루가 잘 날리도록 가볍게 만들기도 하고, 암술의 머리에 오돌토돌한 돌기와 끈적끈적한 물질을 만들어 두기도 하지.

동물이 꽃가루받이를 할 수 있도록 도와주기도 하나요?

그래, 아주 특이한 동물이 돕는 경우도 있단다. 바로 박쥐가 꽃가루받이를 돕는 것이지. 박쥐는 깜깜한 밤에 찾아와서 꽃가루를 묻혀 줘. 그러니 박쥐에게 꽃가루받이를 부탁한 꽃은 밤에도 잠을 제대로 잘 수 없겠지?

바람의 힘을 빌리거나, 벌과 나비가 왔다 갔다 하는 것만으로는 부족해서 동박새처럼 작은 새의 힘을 빌리기도 하고 다른 곤충의 힘을 빌리는 꽃도 있어.

파인애플이나 바나나는 일부러 단 냄새를 풍겨서 개미가 다가오도록 만들기도 하지. 또 파리의 힘을 빌리는 꽃은 파리가 좋아하는 냄새인 시큼한 향을 풍기려고 일부러 꽃향기를 이상하게 만들기도 해.

우리가 도와줄게!

[식물의 뿌리]

새 집으로 이사 가요

6월 14일 수요일 | 날씨 손 없는 날이라는데 비가 온 날

엄마는 더 넓고 좋은 집으로 이사를 가고 싶다고 했다. 하지만 아빠는

새로 이사를 가려면 돈이 많이 드니까 참아야 한다고 말했다.

요즘 엄마는 자꾸 이사를 가고 싶다며 새로 생긴 집만 보면

부러워한다. 그럴 때마다 아빠는 나무처럼 한곳에서 살자고 말한다.

그 말을 듣고 보니 궁금한 게 생겼다.

나무나 풀 같은 식물들은 왜 이사를 못 가는 걸까?

알짜배기 과학 상식

식물은 왜 한자리에서만 살까?

식물은 한번 뿌리를 내린 이상 영원히 그곳에서만 살아야 해. 좋든 싫든 마음대로 이사를 갈 수 없지.

왜요? 좀 더 좋은 곳으로 이사를 가면 더 무럭무럭 자랄 수 있을 텐데!

아쉽지만 뿌리 때문에 그럴 수가 없단다.

식물은 땅속에 커다란 뿌리를 숨겨 두고 있어. 우리가 눈으로 보는 것은 식물의 줄기와 잎일 뿐이란다. 식물의 뿌리는 식물을 지탱해 주는 일을 하지. 그리고 땅속에 있는 물과 질소를 빨아들여서 영양분을 만들도록 돕지. 뿌리는 흙과 돌, 바위 사이를 비집고 들어가 자리를 잡는단다.

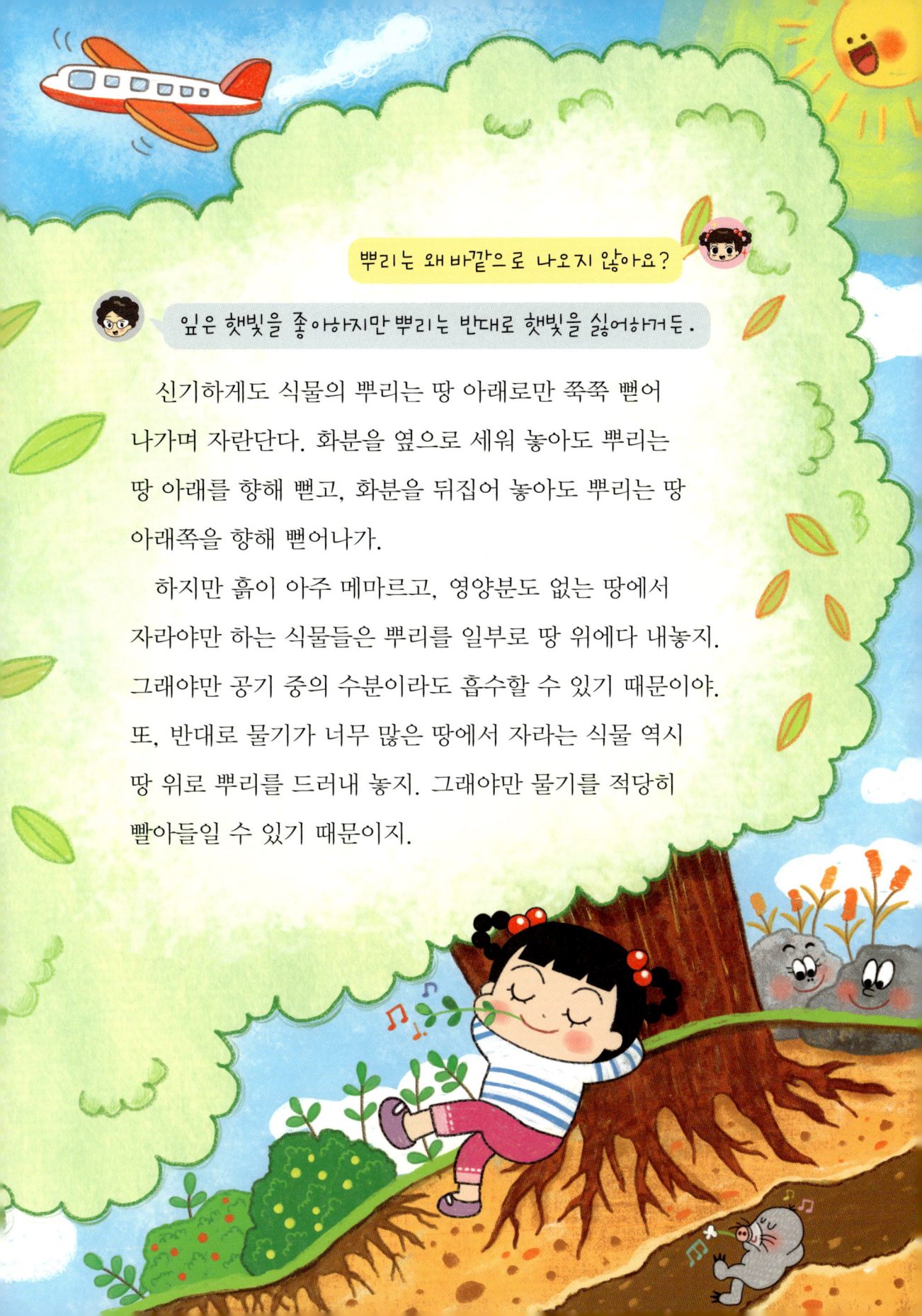

뿌리는 왜 바깥으로 나오지 않아요?

잎은 햇빛을 좋아하지만 뿌리는 반대로 햇빛을 싫어하거든.

신기하게도 식물의 뿌리는 땅 아래로만 쭉쭉 뻗어 나가며 자란단다. 화분을 옆으로 세워 놓아도 뿌리는 땅 아래를 향해 뻗고, 화분을 뒤집어 놓아도 뿌리는 땅 아래쪽을 향해 뻗어나가.

하지만 흙이 아주 메마르고, 영양분도 없는 땅에서 자라야만 하는 식물들은 뿌리를 일부로 땅 위에다 내놓지. 그래야만 공기 중의 수분이라도 흡수할 수 있기 때문이야. 또, 반대로 물기가 너무 많은 땅에서 자라는 식물 역시 땅 위로 뿌리를 드러내 놓지. 그래야만 물기를 적당히 빨아들일 수 있기 때문이지.

[식충 식물]

파리지옥 자랑

6월 16일 금요일 날씨 잔잔한 바람이 분 날

윤석이가 파리지옥이라는 풀을 선물로 줬다. 파리지옥은 정말 신기한 풀이다. 파리가 살짝 다가오면 입을 벌려서 왕 하고 잡아먹어 버린다. 파리 같은 곤충을 무척 좋아한다고 했다.

나는 파리지옥하고 친해지고 싶어서 햄버거도 나눠 주고, 소시지도 나눠 줬다. 그런데 파리지옥은 입도 벌리지 않았다. 나라면 덥석 입을 열고 먹어치웠을 텐데 고집스럽게도 입을 다물고 있었다.

파리지옥은 정말 곤충만 잡아먹는 것일까?

곤충을 잡아먹는 식물이 있다고?

곤충을 잡아먹는 식물을 식충 식물이라고 해. 식충 식물은 꽃 주변을 날아다니는 벌레나 곤충 따위를 잡아먹고 살아.

식충 식물에는 어떤 것들이 있나요?

 곤충을 잡아먹는 대표적인 식물로는 파리지옥이나 끈끈이주걱, 통발같은 것을 꼽을 수 있단다.

끈끈이주걱은 잎이 꼭 덫처럼 생겼어. 덫 속에는 끈끈한 물질이 흘러나오지. 그래서 곤충들을 꼼짝하지 못하게 하는 거란다.

파리지옥은 파리를 잡아먹는 식충 식물 가운데 가장 큰 식물이야. 조개 모양의 작은 잎 가장자리에 딱딱한

저리가!

으앙~

내가 제일 좋아하는 파리!♥

털이 나 있고, 그 속에는 끈끈한 액체가 흘러나오지. 만약 파리가 파리지옥 주변을 날아다니다가 향긋한 냄새를 맡고 털 가까이 오면 덫처럼 생긴 잎을 탁 오므려.

파리지옥이 파리 한 마리를 다 소화시키는 데 무려 3일이란 시간이 걸린단다.

아하! 그렇구나.

통발은 물속에서 자라는 풀이야. 통발의 아래쪽에는 작은 주머니가 여러 개 달려 있어. 꽃냄새를 맡고 곤충이 날아오면 이 주머니로 잡아먹는단다.

조심해! 통발이 있어!

2장 식물의 생활

01 더워서 못 자겠어!
식물도 땀을 흘릴까?

02 용돈을 숨겨라!
속씨식물은 왜 씨를 감춰 둘까?

03 책갈피 추억
식물의 잎은 왜 다르게 생겼을까?

04 나무는 나이가 많아!
나이테는 왜 생길까?

05 우리 서로 공생해
식물을 도와주는 생물들이 있다고?

06 새끼를 낳았어!
새끼를 낳는 식물이 있다고?

식물의 여름나기

더워서 못 자겠어!

7월 22일 토요일 | 날씨 잠을 못 잘 정도로 더운 날

날씨가 갑자기 더워졌다. 더워서 잠을 잘 때도 땀이 주룩주룩 흐를 정도였다. 나는 엄마한테 에어컨을 켜자고 했지만, 전기세 때문에 안 된다는 말만 하셨다. 엄마는 가만히 있으면 절대로 덥지 않을 거라고 했다. 엄마가 시킨 대로 나는 가만히 앉아 있었다. 하지만 아무리 기다려도 시원해지지가 않았다. 나무들은 한자리에 가만히 서 있으니까 땀이 나지 않으려나? 아니면 식물도 우리 몰래 땀을 줄줄 흘릴까?

식물도 땀을 흘릴까?

식물은 어떻게 더위를 견딜까?

날이 더우면 식물도 땀을 흘려. 식물의 잎 뒷면에는 공기구멍이 있단다. 이 공기구멍은 열렸다 닫혔다 하면서 이산화탄소를 받아들이고, 산소를 내뿜는 곳이지. 이것을 '기공'이라 한다고 했지? 식물은 바로 이 기공으로 물을 내보내서 더위를 조절한단다. 그걸 '증산 작용'이라고 해.

식물이 땀을 어떻게 흘리는지 알고 싶다면 나무의 줄기 끝 잎사귀에 투명한 비닐봉지를 씌워 보렴. 그러면 비닐봉지 안에 점차 습기가 채워지는 것을 확인할 수 있을 거야. 비닐봉지 안에 습기가 차는 까닭은 식물이 뿌리에서 빨아들인 물을 바깥으로 내뿜기 때문이야. 이렇게 바깥으로 물을 내뿜으면 주변이 조금 시원해진단다.

어떻게요?

에어컨의 원리를 이용한 것이지. 에어컨의 원리는 액체가 기체로 바뀔 때 주위의 물체에서 열을 빼앗는 성질을 이용한 것이란다.

우와! 식물의 세계는 놀라워요!

여름에 마당이나 주변에 물을 뿌리면 시원해진다든지, 몸에 알코올을 바르면 시원한 느낌이 드는 경우가 바로 이러한 원리 때문이란다.

식물도 이 원리를 이용해서 더위를 견뎌. 예를 들어서 수박은 밤에 땅속의 시원한 물을 뿌리로 흡수해 두었다가 낮에 기온이 올라가면 물을 조금씩 증발시킨단다. 그러면 주변의 온도가 내려가서 더위를 견딜 수 있게 되지.

나도 부채 좀….

전기세가 얼만데… 절대 안 돼!

헥 헥!

[식물의 종류]

용돈을 숨겨라!

7월 30일 일요일 | 날씨 열매들이 씨를 품은 날

할아버지가 엄마 몰래 용돈을 줬다. 그런데 이 돈을 어디에다 숨겨 놓고 쓸 것인지 고민하다가 들켜 버리고 말았다. 그걸 알게 된 할아버지는 혀를 끌끌 차며 말씀하셨다.

"에구구, 속씨식물이 씨앗을 감춰 두듯이 잘 감춰 두었어야지!"

생각해 보니 감이나 호박이나 복숭아 같은 속씨식물은 씨앗을 꽁꽁 잘 감춰 두는 것 같다. 겉으로 봐서는 열매 속에 씨가 있는 줄도 모르잖아. 그런데 속씨식물들은 왜 씨를 감춰 두는 걸까?

알짜배기 과학 상식

속씨식물은 왜 씨를 감춰 둘까?

솔방울은 소나무의 씨야. 가을이면 거리에서 쉽게 볼 수 있는 은행 역시 은행나무의 씨야. 솔방울이나 은행 같은 씨는 모두 바깥에 열리기 때문에 언제든 쉽게 볼 수 있다는 게 특징이지. 이런 식물을 씨가 바깥에 있다고 해서 겉씨식물이라고 해.

그런데 수박이나 호박, 감 같은 씨는 열매 안에 꽁꽁 감춰져 있어. 이런 식물을 속씨식물이라고 해. 지구에 있는 식물 중 절반 이상은 씨가 열매에 감춰져 있는 속씨식물이란다.

왜 어떤 식물은 씨가 겉에 있고, 어떤 식물은 속에 있는 거예요?

겉씨식물은 속씨식물보다 먼저 나타난 식물이란다. 아주 먼 옛날 공룡과 함께 나타난 식물들이지.

수박아, 쑥쑥 자라렴!

헉, 겉씨식물이 속씨식물보다 조상이라고 할 수 있네요.

겉씨식물은 대부분은 암술만 있는 암꽃과 수술만 있는 수꽃이 따로 피어. 그래서 곤충이나 벌레, 새나 바람에 의해 수정이 이루어진단다. 겉씨식물은 수정이 되려면 주변 여러 것들의 도움을 받아야만 하지.

그래서 식물은 점점 더 수정이 잘될 수 있게 꽃에 암술과 수술이 함께 있는 속씨식물로 진화되었어. 겉씨식물보다는 수정도 더 편하게 할 수 있는 데다가, 씨도 안전하게 지킬 수 있도록 만든 거야.

아하, 그래서 속씨식물이 많은 거로군요?

빙고! 그래서 오늘날에는 겉씨식물이 전 세계에 약 670종밖에 남아 있지 않단다.

멀리 멀리 퍼져라!

키워서 먹어야지!! ㅋㅋㅋ

[여러 가지 잎 모양]

책갈피 추억

| 10월 28일 토요일 | 날씨 단풍잎이 떨어진 날 |

엄마, 아빠랑 단풍 구경을 갔다. 엄마는 단풍잎이 예쁘다며 주머니 한가득 넣어 왔다. 아빠가 눈치 보인다고 그만하라고 했지만 엄마는 아랑곳하지 않았다. 집에 와 보니 단풍잎이 한가득 쌓여 있었다. 다음 날, 엄마는 청소하다가 단풍잎을 전부 쓰레기통에 넣어 버렸다. 그러면서 엄마가 말했다.

"아이고, 이 지저분한 걸 내가 왜 가져 왔지?"

그런데 식물의 잎은 왜 저마다 다르게 생긴 걸까?

알짜배기 과학 상식

식물의 잎은 왜 다르게 생겼을까?

식물의 잎은 모양뿐만 아니라 둘레나 질감도 다르단다. 감나무나 목련의 잎은 마치 코팅을 한 것처럼 매끈매끈하고, 벚나무 잎은 엉겅퀴 가시처럼 거칠어.

또, 잎은 개수도 다르단다. 어떤 잎은 1장이고, 어떤 잎은 여러 개가 함께 달려 있지.

> 또 잎이 줄기에 달린 모양도 다른 것 같아요. 개나리 잎은 두 장씩 서로 맞붙어 있는데 강낭콩 잎은 서로 어긋나게 붙어 있기도 하고요.

> 도라지처럼 3장의 잎이 줄기 주위를 빙 둘러붙어 있는 것도 있고, 소나무처럼 여러 개의 잎이 한꺼번에 있는 것도 있단다.

이렇게 생김새가 다르고 모양이 달라도 잎이 하는 일은 똑같아. 잎은 광합성을 해서 양분을 만들고 신선한 산소를 뿜어내지. 그런데 잎의 모양이 왜 저마다 다르게 생긴 거냐고?

그건 살아가는 환경 때문이야. 추운 곳에 사는 식물은 잎이 넓으면 바람을 더 많이 맞게 되겠지? 그러니 소나무처럼 뾰족하게 잎이 변한 거란다. 추위를 견디고, 물을 아끼려고 최대한 잎을 날씬하게 만든 거야.

반대로 더운 곳에 사는 식물의 잎은 아주 크고 넓어. 야자수 잎을 떠올려 보렴. 커다랗고 널찍하잖니. 그건 햇빛을 잘 받기 위해서, 물을 좀 더 많이 끌어당기기 위해서 그렇게 변한 거란다. 환경에 적응하기 위해서 잎의 모양을 바꾸게 된 거지.

이 세상에는 그 어떤 것도 의미 없이 생겨나는 것이 없단다. 뾰족한 잎은 뾰족한 대로, 넓은 잎은 넓은 대로 이유가 있어서 그렇게 만들어진 거란다.

아하, 그렇구나!

눈이 오네~ 잎이 날씬해서 춥지 않아~

나는 살이 많아서 더 추운 건가?!

[식물의 나이테]
나무는 나이가 많아!

10월 29일 일요일 | 날씨 나무 속이 단단해진 날

나이테는 1년에 하나씩 생기는 줄이라고 한다. 나는 우리 집 앞에 있는 나무 둥치의 나이테를 세어 보았다. 나이테가 무려 70개도 넘게 있었다. 그러니까 우리 할아버지랑 우리 집 앞에 있는 나무는 나이가 같은 것이다. 앞으로 길을 지나갈 때마다 나무한테 "안녕하세요, 할아버지!" 하고 인사를 해야 할 것만 같다.
그래야 예의 바른 어린이라고 칭찬을 들을 것 같다.
그런데 나이테는 왜 생기는 걸까?

알짜배기 과학 상식

나이테는 왜 생길까?

나무는 봄에는 줄기에 있는 물을 운반하는 관이 빨리 자라서 엷은 갈색을 띠게 돼. 거의 흰색에 가깝다고 볼 수 있지. 그런데 날씨가 점점 무더워질수록 물을 나르는 관이 자라는 속도가 느려지게 된단다. 그러면 짙은 갈색을 띠게 되지. 그러니까 봄부터 여름까지는 색이 흐리고 가을부터 겨울에 점점 색이 짙어져 나이테가 생기는 거야.

나이테를 통해서 나무의 나이를 알 수 있는 거네요?

그래, 오랜 세월을 살아온 큰 나무에는 나이테가 많겠지? 어떤 나무는 무려 5천 개가 넘는 나이테를 가진 것도 있단다.

또, 나이테의 개수뿐만 아니라 폭으로도 나무의 성장 속도, 나이를 짐작할 수 있단다. 나이테의 폭이 좁으면 그 나무는 느리게 성장한 것이고, 반대로 나이테의 폭이 넓으면 나무가 빠른 시간

와~ 어린 나무다. 아가야~

동안 쑥쑥 성장했다는 걸 의미하지.

그런데 나무의 나이테는 온대 지방에 사는 나무에게서만 볼 수 있는 거란다. 추운 지방의 나무는 나이테가 확실하게 나타나지 않아. 1년 내내 무더운 열대 지방의 나무들은 아예 나이테라는 게 생기지 않아. 습기가 많은 지역, 건조한 지역에 사는 나무도 나이테를 통해 나이를 제대로 확인할 수 없단다. 나이테가 생기긴 하는데 희미한데다가 1년에 하나씩 뚜렷하게 생기지 않거든.

또 나이테에 상처가 나 있으면 예전에 산불이 일어났거나, 병충해 때문에 나무가 큰 피해를 입었다는 증거란다.

나이테를 통해서 나무가 어떻게 살았는지 모두 짐작할 수 있는 거네요?

그렇지, 나이테는 나무가 살아온 기록이라고도 할 수 있지.

앗, 이 나무는 할아버지!

이 나무는 많이 아팠나 봐. 힝..T.T

식물의 공생

우리 서로 공생해

| 11월 7일 화요일 | 날씨 가을이라 잘 먹은 날 |

돌돌이랑 나는 입맛이 똑같다. 내가 김밥이랑 떡볶이가 먹고 싶으면 돌돌이도 김밥이랑 떡볶이를 먹고 싶어 한다. 또, 내가 콜라를 먹고 싶으면 돌돌이도 콜라를 먹고 싶어 한다.

그러니까 우리 둘이 같이 다니면 먹고 싶은 것을 골고루 먹을 수 있다. '꿩 먹고, 알 먹고'라는 말은 이럴 때 쓰는 것 같다. 이런 사이를 공생 사이라고 하는 거겠지? 그런데 나는 갑자기 식물한테도 서로 도와주는 친구가 있는지 궁금해졌다. 식물도 그런 친구가 있을까?

식물을 도와주는 생물들이 있다고?

콩은 열매를 맺는 데 꼭 필요한 질소를 힘 안 들이고 끌어들일 수 있어. 콩과 식물 뿌리에는 좁쌀만 한 혹이 여러 개 달려 있는데 이 혹 속에 아주 작은 미생물인 뿌리혹박테리아가 살고 있단다.

뿌리혹박테리아는 콩의 뿌리에 붙어살면서 영양분을 빨아먹고 살지. 하지만 그렇게 영양분을 가져가는 대신 질소를 끌고 와서 콩이 흡수할 수 있도록 도와줘. 그러면 콩은 질소를 이용해서 단백질이 아주 풍부한 열매를 만들지.

> 콩이랑 뿌리혹박테리아는 서로 돕고 도와주는 친구 사이네요?

> 그래, 우리가 단백질이 풍부한 콩을 먹을 수 있는 건 뿌리혹박테리아가 있기 때문이지.

또, 가시주엽나무와 개미도 공생을 한단다. 개미는 가시주엽나무의

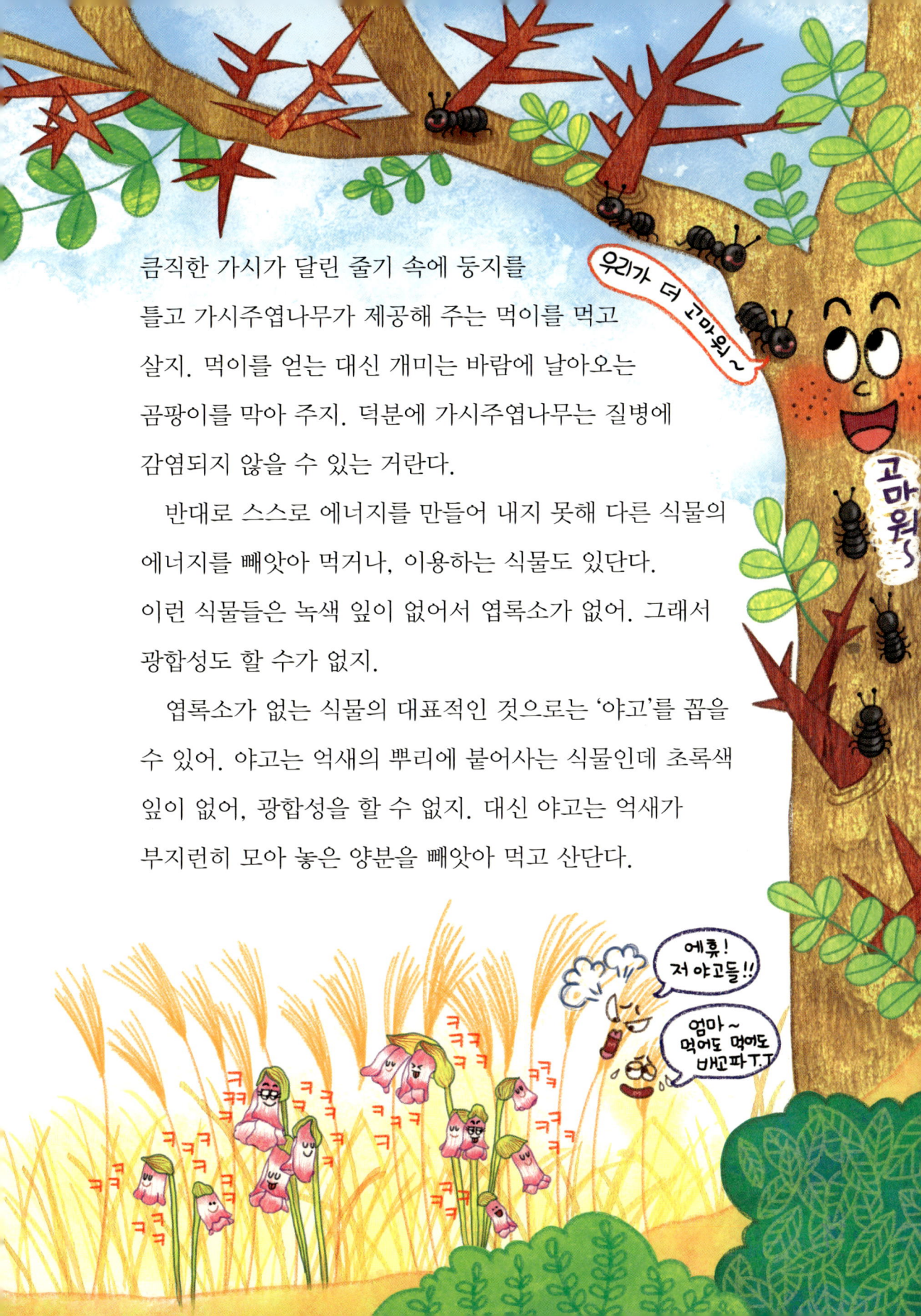

큼직한 가시가 달린 줄기 속에 둥지를 틀고 가시주엽나무가 제공해 주는 먹이를 먹고 살지. 먹이를 얻는 대신 개미는 바람에 날아오는 곰팡이를 막아 주지. 덕분에 가시주엽나무는 질병에 감염되지 않을 수 있는 거란다.

반대로 스스로 에너지를 만들어 내지 못해 다른 식물의 에너지를 빼앗아 먹거나, 이용하는 식물도 있단다. 이런 식물들은 녹색 잎이 없어서 엽록소가 없어. 그래서 광합성도 할 수가 없지.

엽록소가 없는 식물의 대표적인 것으로는 '야고'를 꼽을 수 있어. 야고는 억새의 뿌리에 붙어사는 식물인데 초록색 잎이 없어, 광합성을 할 수 없지. 대신 야고는 억새가 부지런히 모아 놓은 양분을 빼앗아 먹고 산단다.

[태생 식물]

새끼를 낳았어!

11월 16일 금요일 | 날씨 해피가 오들오들 떤 날

윤석이네 집 강아지 해피가 새끼를 낳았다. 털이 복슬복슬하고 귀여운 강아지들이 꼬물꼬물 기어 다니는 것을 보자 나도 새끼를 기르고 싶어졌다. 나는 엄마한테 강아지를 키우게 해 달라고 졸랐다. 그러자 엄마가 "애기도 새끼고, 미미도 새끼고, 너도 아직 새낀데 여기에다 또 새끼를 더 키우자고? 나는 싫다!"라며 반대하셨다. 내가 애원했지만 소용이 없었다. 만약 식물이 새끼를 낳는다면 꽃을 좋아하는 엄마는 틀림없이 키웠을 텐데. 그런데 식물도 새끼를 낳을까?

알짜배기 과학 상식

새끼를 낳는 식물이 있다고?

아열대나 열대 지역의 진흙이 많은 갯벌이나 바닷가에 사는 식물인 '맹그로브'는 새끼를 낳아. 새끼를 낳는다고 해서 맹그로브를 태생 식물이라고도 하지.

맹그로브가 사는 갯벌은 밀물과 썰물이 들어왔다 나갔다 하기 때문에 씨를 싹 틔우기가 어려워. 그래서 나무에서 씨를 어느 정도 키운 다음 땅으로 내려보내.

그냥 씨를 퍼뜨리는 거나 마찬가지잖아요.

맹그로브 열매는 나무에 달려 있을 때 씨에서 싹이 터서 초록색 뿌리가 뾰족하게 자라는데, 그 뿌리가 어느 정도 자라면 나무에서 뚝 떨어져 진흙 속에 뿌리를 박고 스스로의 힘으로 자라기 시작하지.

자두호

가져갈래!

맹그로브의 씨는 땅에 제대로 떨어지지 못한 채 물에 둥둥 떠내려가도 싹을 틔울 수 있는 기특한 씨란다. 맹그로브는 뿌리에 엽록소가 있거든. 그래서 물 위에 떠 있는 채로도 광합성을 해서 양분을 만들 수 있는 거야.

땅에 착지하지 못한 맹그로브는 계속 물 위를 떠다니면서 광합성을 하는 건가요?

그래, 그렇게 광합성을 하며 물 위를 떠다니면서 뿌리를 내릴 적당한 곳을 찾아다녀. 그러다가 흙이 있는 곳을 만나면 뿌리의 힘으로 흙을 꽉 붙잡는단다.

맹그로브는 흙을 붙잡아서 주변을 더욱 단단하게 만들어. 그래서 처음에는 질펀질펀 물이 많은 진흙탕이었던 곳도 단단한 육지로 만들지.

3장 아름다운 식물의 꽃과 열매

01 해바라기를 닮았다고?
가장 큰 꽃은 무엇일까?

02 매일매일 새로 피는 신기한 꽃
우리나라 꽃은 날마다 새로 핀다고?

03 과일이 좋아!
열매는 어떻게 만들어지는 걸까?

04 윽, 설사!
참외 씨를 먹으면 왜 설사가 날까?

05 버섯은 꽃이 안 핀다고?
꽃이 피지 않는 식물도 있다고?

06 괴롭히는 게 아니야!
식물의 줄기를 자르면 어떻게 될까?

[세상에서 가장 큰 꽃]

해바라기를 닮았다고?

| 12월 4일 월요일 | 날씨 꽃들이 겨울눈 속으로 숨은 날 |

선생님께서 친구와 가장 잘 어울리는 꽃을 찾아보라고 말씀하셨다. 나는 민지가 장미꽃을 닮았다고 생각했다. 민지는 예쁘고 착해 보이지만 가끔 가시 돋힌 말을 해서 사람 마음을 아프게 하기 때문이다. 그런데 민지는 내가 해바라기를 닮았다고 써 놓았다. 이유가 뭐냐고 물었더니 머리가 커서 해바라기랑 닮았다고 말했다. 그런 말을 함부로 하다니! 역시 민지는 장미처럼 독한 가시를 가진 아이가 틀림없다. 그런데 해바라기가 꽃 중에서 제일 큰 걸까?

가장 큰 꽃은 무엇일까?

가장 큰 꽃은 해바라기란다. 그런데 해바라기는 꽃 한 송이로 이뤄진 게 아니라 작은 꽃 수백 송이가 모여서 하나의 꽃을 이루는 거야.

해바라기는 키가 2미터 정도이고, 꽃 지름이 8~50센티미터 정도 되지.

해바라기 속에 촘촘히 박힌 씨앗들 모두 꽃이란다. 그 꽃 속에 씨앗들이 들어 있는 거지.

그럼 바깥에 노란 꽃잎은 뭐예요?

그것 역시 꽃이란다. 해바라기 안쪽에 통으로 된 작은 꽃이 있고 바깥에 노란 꽃잎이 달려 있는 거야.

그럼 해바라기는 두 가지 종류의 꽃이 모여서 커다란 한 개의 꽃을 만든 거네요?

자두 머리 해바라기 같아. ㅋㅋㅋ

킥킥ㅋ

ㅋㅋㅋ

ㅋㅋ

해바라기 바깥쪽 둘레에 있는 노란 꽃잎은 암술과 수술이 없기 때문에 따로 씨를 맺지 못해. 그런데 쓸모없는 꽃잎이 왜 매달려 있냐고? 그건 바로 해바라기 안쪽에 있는 꽃, 그러니까 씨를 품고 있는 까만 꽃을 위해서란다.

까만 꽃은 곤충들을 유혹해서 꽃가루받이를 하기가 힘들어. 못생긴 데다가 색깔도 예쁘지 않아서 벌과 나비 같은 곤충들을 불러들이기가 힘든 거야. 그래서 생각해 낸 것이 아름답고 향기로운 샛노란 꽃잎을 이용해서 벌과 나비를 불러들이는 거란다.

 덕분에 작은 꽃들은 무사히 씨를 맺을 수 있는 것이지.

겉에 있는 꽃잎의 눈물겨운 희생 덕분이군요!

8월 21일 월요일 | 날씨 덥지만 활기찬 날

공원에서 예쁜 무궁화를 발견했다. 나는 무궁화에게 물도 주고, 말도 걸어 주었다. 그리고 내일 다시 만나자고 약속도 했다. 그런데 다음 날 공원으로 가서 무궁화한테 인사를 했더니 할아버지가 껄껄껄 웃었다. 할아버지는 그 꽃은 인사를 해 봤자 나를 알아보지 못할 거라고 말씀하셨다. 왜 그러냐고 물으니까 내가 본 꽃은 이미 져 버리고 없기 때문이라고 했다.

할아버지의 말씀대로 무궁화는 날마다 새로 꽃을 피울까?

우리나라 꽃은 날마다 새로 핀다고?

 무궁화는 우리나라를 상징하는 꽃, 그러니까 나라를 대표한다는 의미로 나라 국(國), 꽃 화(花) 자를 써서 국화라고 하지.
 무궁화의 원래 이름은 목근화였대. 그런데 오랜 세월 사람들이 부르다 보니 무궁화가 되었다는구나.
 무궁화는 꽃이 아주 크단다. 꽃의 지름이 약 7.5센티미터 정도이니 장미나 목련보다 크고 아름답지.
 무궁화는 보통 꽃과는 조금 다른 특징이 있어.

보통 꽃은 아침부터 서서히 꽃잎을 열어 낮에 활짝 피었다가 밤이 되면 꽃잎을 다물고 잠을 잔단다. 하지만 무궁화는 밤 12시 무렵부터 꽃봉오리가 열리기 시작해서 아침 해가 뜰 무렵이 되면 꽃이 활짝 피어 있어. 그리고 정오를 넘어가면 꽃잎이 서서히 오므라들기 시작해서, 밤이 되면 모두 져 버리고 만단다. 하지만 이튿날 아침이면 새로운 봉오리에서 꽃이 활짝 피어나지.

그럼 어제 내가 물을 준 무궁화는 오늘 본 무궁화랑은 다른 거겠네요?

그래, 그래서 무궁화를 날마다 새롭게 시작하는 꽃이라고도 하지.

또, 무궁화는 잎이 어긋나게 붙는데 세 갈래로 갈라지고 가장자리는 톱니 모양이야.

[식물의 열매]
과일이 좋아!

| 9월 20일 수요일 | 날씨 사과가 빨갛게 익은 날 |

나는 사과를 참 좋아한다. 동화 속에 나오는 백설 공주보다 내가 훨씬 더 사과를 좋아할 것이다. 마녀가 독을 넣었다고 해도 나는 사과를 먹을 수 있다. 그 정도로 사과가 맛있고 좋다.

그런데 엄마는 사과가 비싸니까 자꾸 다른 과일을 사 먹자고 한다. 집에서 사과를 주렁주렁 키울 방법은 없는 걸까? 토마토를 키우듯이 사과도 키울 수 있으면 좋겠다. 그러면 날마다 사과를 먹을 수 있을 텐데! 그런데 사과 열매는 어떻게 만들어지는 걸까?

알짜배기 과학 상식

열매는 어떻게 만들어지는 걸까?

예쁜 꽃이 지고 나서 며칠이 지나면 신기하게도 그 자리에 탐스러운 열매가 생기지. 대체 열매는 어떻게 생기는 걸까? 열매는 속씨식물에만 생기는 거야. 열매는 씨를 모아 둔 '씨방'이 자라서 생기는 거야. 꽃이 피면 그 속에 들어 있던 씨방이 자라서 열매가 되는 거지. 그래서 열매 속에는 씨가 잔뜩 들어 있는 거란다.

포도나무의 열매인 포도 속에도, 복숭아나무 열매인 복숭아 속에도 모두 씨가 들어 있지. 이런 열매들은 모두 씨방이 자라서 열매가 되는 것이지.

> 고구마, 감자 있어요~!

> 그래, 우리가 먹는 열매는 대부분 꽃가루받이와 수정을 거친 씨방이 점점 자라서 크고 굵은 결실을 맺게 된 것이지. 씨방이 자라서 열매가 된 것을 '참열매'라고 하지.

> 참이면 진실이란 뜻인데, 그럼 가짜 열매도 있나요?

> 우리는 과일이 아니라 안 데려 가려나….

가짜 열매라기보다는 씨방 대신 다른 것이 자라서 열매처럼 열리는 경우가 있지.

사과나 배는 꽃받침이 자라서 열매가 된단다. 석류나 파인애플 역시 꽃받침이 자라서 열매가 된 것이지. 이렇게 씨방 말고 다른 부분이 자라서 열매가 되는 것을 '헛열매'라고 해.

또, 씨방이 없는 겉씨식물은 '방울'이란 게 열리는 경우도 있어. 소나무 가지에 열매 대신 솔방울이 열리는 걸 떠올려 보렴.

감자와 고구마는 땅속에서 자라는 열매인가요?

감자와 고구마는 열매 같지만, 사실은 감자는 줄기, 고구마는 뿌리가 변해서 만들어진 거야. 그래서 감자를 줄기 식물, 고구마를 뿌리 식물이라고 하지. 양파는 잎이, 연근과 죽순은 땅속 줄기에서 나온 거야.

[식물의 번식]

윽, 설사!

7월 3일 월요일 | 날씨 하늘이 노랗게 보인 날

엄마가 참외를 사 오셨다. 미미랑 애기랑 나눠 먹기 아까워서 나 혼자 참외를 몽땅 먹어 치워 버렸다. 그런데 엄마가 범인이 누구냐며 막 따져 물으셨다. 나는 일부러 시치미를 뚝 떼고 모르는 척했다. 그런데 갑자기 배가 아파오기 시작했다. 뿡뿡 방귀가 나오고 설사가 막 터질 것만 같았다. 엄마는 나를 힐끗 노려보시더니, "네가 범인이구나!" 하고 꿀밤을 콩 쥐어박으셨다. 그런데 참외 씨를 먹으면 왜 설사가 나는 걸까?

알짜배기 과학 상식

참외 씨를 먹으면 왜 설사가 날까?

참외를 먹을 땐 씨까지 먹어선 안 돼. 씨 부분을 먹고 나면 똥으로 모두 나와 버리지. 똥을 눌 땐 배가 아프고 방귀도 뿡뿡 나올 거야. 참외 씨가 설사를 일으키기 때문에 그런 거지. 이렇게 설사가 나게 만드는 것이 바로 식물의 치밀한 계획 때문이라는 걸 알고 나면 놀라게 될 거야.

계획이라고요?

식물은 일부러 열매를 더 맛있게 만들어. 그러고는 그 속에다 씨를 몰래 숨겨 놓는단다.

왜 그러는 건데요?

동물들이 식물의 열매를 맛있게 먹고 나면 똥을 누게 되잖니. 이때 똥 속에 씨앗이 나오도록 만들기 위해서 그런 거지.

수박 먹을 때 씨를 뱉어내다가 귀찮으면 삼켜 버리지. 동물들이 수박을 먹고 여기저기 돌아다니다가 똥을 누면 그 속에는 씨가 들어 있을 테지?

그러면 식물은 굳이 멀리까지 바람을 타고 날아가거나, 벌이나 나비 같은 곤충의 힘을 빌리지 않고도 손쉽게 씨앗을 퍼뜨릴 수 있게 되는 거지.

아주 치밀한 계획이네요!

하지만 참외의 씨는 얇은 껍질로만 싸여 있기 때문에 동물들이 먹고 나면 소화를 시켜 버리게 돼. 그래서 참외는 씨앗 속에다가 설사를 하게 만드는 성분을 몰래 넣어 두었단다. 금방 동물의 몸 밖으로 나올 수 있게 만들어 놓은 거지.

아~ 시원하다~

널리 널리 퍼뜨려 줘! ㄱㅋㅋ

[포자식물]

버섯은 꽃이 안 핀다고?

4월 28일 금요일 | 날씨 먼지가 뽀얗게 일어난 날

책을 읽었는데, 세상에는 꽃이 피지 않는 식물도 있다고 한다.

버섯도 그렇고 미역도 그렇고 고사리까지 모두 꽃이 피지 않는

식물이라는 것이다.

그래서 나는 윤석이한테 일부러 버섯에 꽃이 피면 결혼하자고 했다.

윤석이는 신이 나서 좋다고 했다. 나는 속으로 키득키득 웃었다.

아는 게 있으면 이렇게 써먹을 수 있는 거구나.

그런데 꽃이 안 피는 식물은 어떻게 번식을 하는 걸까?

꽃이 피지 않는 식물도 있다고?

고사리나 미역이나 버섯, 우산이끼 같은 식물은 꽃이 피지 않아. 이런 식물들은 어떻게 번식을 하는 걸까?

꽃이 피는 식물을 꽃식물이라고 하고, 꽃이 피지 않고 번식하는 식물을 '포자식물' 또는 '민꽃식물'이라고 해. 포자식물은 꽃이 피지 않고 포자로 번식을 하거든. 포자를 다른 말로 홀씨라고도 부른단다.

고사리는 포자식물이야. 고사리는 잎의 뒷면을 보면 갈색 포자가 들어 있는 주머니가 있단다. 고사리는 번식할 때가 되면 주머니를 터뜨려서 포자(홀씨)가 여기저기 퍼지도록 해. 포자가 든 주머니를 포자낭 또는 홀씨주머니라고 하지.

꽃식물은 잎, 줄기, 뿌리가 확실하게 구분되지만 포자식물은 잎, 줄기, 뿌리의 구분이 확실하지 않아.

십억 년 정도는 퍼뜨려 줘야지!!

아주 먼 옛날, 공룡 시대의 식물들은 대부분 꽃이나 열매를 맺지 않았단다. 그때는 대부분 포자식물이었던 거지. 그런데 포자식물들은 날씨가 따뜻해야 포자를 쉽게 퍼뜨릴 수 있었어. 식물들은 지구의 환경에 맞춰 진화를 했고, 꽃이 피는 꽃식물로 변한 거야. 꽃식물들은 날씨가 추워도 씨방 속에 씨앗을 넣어서 얼마든지 씨앗을 보호할 수 있으니까.

[식물의 성장]

괴롭히는 게 아니야!

| 6월 17일 토요일 | 날씨 농부 아저씨들이 땀 흘린 날 |

엄마랑 아빠랑 동생들이랑 다 함께 과수원에 놀러 갔다. 그런데 농부 아저씨가 나무줄기를 싹둑싹둑 자르는 게 보였다. 나무를 잘 보살펴 주어도 모자랄 텐데, 왜 줄기를 자르고 괴롭히는 걸까?

나는 줄기를 자르면 나무가 아파서 소리를 지를지도 모른다는 생각이 들었다. 그래서 아저씨한테 나무를 그만 괴롭히라고 말했다.

그런데도 아저씨는 계속 줄기를 잘랐다.

대체 식물의 줄기를 자르면 어떻게 되는 걸까?

알짜배기 과학 상식

식물의 줄기를 자르면 어떻게 될까?

식물은 줄기를 잘라 주면 더 많은 줄기가 생겨서 열매도 많이 맺을 수 있단다.

'순 자르기'가 뭔 줄 아니? 위로만 자라는 식물의 줄기 윗부분을 잘라 주면 잘린 줄기에서 여러 개의 줄기가 다시 생겨나는 걸 말한단다. 그러면 식물이 위로 쑥쑥 자라지 않고, 옆으로 넓게 자라게 되지.

정말요? 그럼 순 자르기는 어디서 할까요?

순 자르기는 주로 과수원에서 많이 한단다. 사과나무나 감나무나 매실 같은 것이 위로만 곧게 자라면 열매를 딸 때 힘이 들잖니. 또 줄기 하나를 잘라 주면 그 옆으로 여러 개의 줄기가 생겨나고, 줄기가 늘어난 만큼 꽃도 많이 피게 되니까 열매도 더 많이 맺게 되지. 그래서 과수원에서는 순 자르기를 많이 하는 거란다.

[나무의 키]

땅꼬마 자두

4장
놀라운 식물의 세계

01 땅꼬마 자두
나무는 키가 얼마나 자랄까?

02 꽃이 고자질을 한 걸까?
식물도 마음이 있을까?

03 클래식은 지겨워!
음악에 춤추는 식물이 있다고?

04 꾀를 내야지!
꾀를 내는 식물이 있다고?

05 꽃도 나이가 든다고?
식물의 일생은 어떻게 다를까?

06 새 옷이 사고 싶어!
나무껍질마다 모양이 다르다고?

07 그만 좀 싸워!
식물도 싸울까?

식물이 플라나리아처럼 세포가 재생되는 것도 아니고, 어떻게 잘린 줄기 옆으로 여러 개의 줄기가 나오는 거예요?

그건 식물이 가진 '옥신'이라는 호르몬 때문이란다.

옥신은 줄기나 뿌리 끝에서 주로 생성되는데, 식물을 쭉쭉 자라게 하는 역할을 하지. 그런데 식물의 줄기 끝 부분을 잘라 주면 옥신이 사라지게 된단다. 덕분에 그동안 자라고 싶어도 자랄 수 없었던 다른 줄기들이 밖으로 삐져나와 점점 더 크게 자랄 수 있는 거야.

소가 콩잎을 뜯어 먹고 나면 콩 줄기 끝에 있던 옥신이 사라져서 다른 줄기들이 막 뻗어 나오게 된단다. 그러면 소가 뜯어먹은 자리에 여러 개의 줄기가 생겨서 더 많은 콩 열매가 열리게 되지.

저는 옥신이 필요해요. 옆으로 자라지 말고 위로만 쭉쭉 자라면 좋겠어요.

자르면 머리숱이 많아질까?

냠냠~ 쩝쩝~

| 3월 9일 목요일 | 날씨 하늘이 엄청 높은 날 |

민지의 키가 엄청 자랐다. 민지는 낭떠러지에서 떨어지는 꿈을 꾸고 나서 키가 큰 거라고 말했다. 틀림없이 얼마 전까지만 하더라도 나보다 작았는데 이젠 내가 제일 작다. 아무래도 안 되겠다. 오늘부터 밤마다 꿈속에서 절벽에서 뛰어내리든지 해야지. 이대로 가다가 땅꼬마라는 별명까지 얻게 될지도 모른다. 정말이지 나도 나무처럼 키가 커지고 싶다. 그런데 나무는 키가 얼마나 자랄까?

알짜배기 과학 상식

나무는 키가 얼마나 자랄까?

세계에서 가장 키가 큰 나무의 높이는 얼마나 될까? 놀라지 마, 무려 100미터가 넘는다고 해. 미국 캘리포니아주에 있는 레드우드 국립공원에 사는 '톨트리'는 아메리카 삼나무로 키가 약 110미터 정도 된단다. 건물로 치면 무려 37층 빌딩 높이와 맞먹는 키라고 할 수 있지. 더욱 놀라운 건 이 나무가 아직 자라고 있다는 거야.

레드우드 국립공원에는 높이가 100미터가 넘는 아메리카 삼나무들이 수두룩해서 챔피언이 언제든 바뀔 수 있대.

누가 누가 빨리 자라나 시합하고 있네요.

소나무나 편백나무는 1년에 30~50센티미터 정도

자라고, 말레이시아의 '알비치아 팔커타'라는 나무는 13개월 동안 약 10미터 이상 자라기도 한단다. 세상에서 가장 빨리 자라는 식물은 '제네라 대나무'라는 것인데 이 나무는 하루에 약 90센티미터 이상 자란다더구나.

나무의 키는 어려운 말로 '수고'라고 하지.

수고하세요 할때그 수고는 아니죠?

키가 빨리 자라는 나무도 있지만 반대로 아주 느리게 자라는 나무도 있단다. 멕시코에 있는 '디운에듈'이란 나무는 1년에 평균 0.76미리미터밖에 자라지 않는대. 그러니까 100년 동안 약 8센티미터도 자라지 않는 셈이지. 우리나라 제주도에서 자라는 '돌매화나무'는 세상에서 가장 키가 작은 나무야. 이 나무는 1년에 키가 1센티미터밖에 자라지 않는다지.

[식물의 감정]

꽃이 고자질을 한 걸까?

| 4월 29일 토요일 | 날씨 구름이 회색인 날 |

민지랑 싸웠다! 화가 너무 나는데 어디에다 이야기할 수가 없었다. 내가 잘못해서 민지가 화를 낸 것이기 때문이었다. 나는 하소연할 데가 없어서 꽃들에게 민지 흉을 보았다. 그런데 엄마가 꽃이랑 한 얘기를 모조리 눈치채 버렸다. 어떻게 눈치를 챈 걸까? 내가 얘기하는 걸 베란다 밖에서 몰래 엿들은 걸까? 아니면 꽃이 정말 내가 미워서 엄마한테 고자질을 했을까?

혹시 식물도 감정이 있는 걸까?

알짜배기 과학 상식

식물도 마음이 있을까?

　식물도 좋고, 싫다는 감정을 느낄까? 과학자들은 이 질문의 해답을 찾아내려고 여러 가지 실험을 해 보았지. 과학자들은 먼저 두 화분에 싹이 트기를 기다렸어.

　그런 다음 한 화분에게는 다정하게 말을 걸어 주고, 웃어 주고, 예쁘다며 쓰다듬어 주었어. 그리고 다른 화분한테는 짜증을 내고, 욕을 하고, 심술을 부렸지.

　그 결과 칭찬을 하고 사랑을 준 식물은 무럭무럭 자랐어. 반대로 짜증을 내고 함부로 대한 나무는 시들시들해지고 말았지. 식물도 정성을 들여 키우면 자신을 아끼고 사랑하는 사람의 마음을 느낄 수 있다고 해.

무럭무럭 자라 주세요 아름다운 꽃님♡♡♡

자, 돌려줄게!

식물도 자기를 예뻐해 주는 사람이랑 미워하는 사람을 알아보는군요?

그래, 또 다른 실험으로도 그 결과를 알 수 있었단다.

과학자들은 이번에는 식물이 사람을 알아볼 수 있는지 실험을 해 보기로 했어. 그래서 두 그루의 나무를 화분에다 심은 다음 햇볕이 잘 드는 곳에다가 두 화분을 나란히 놓아두었대. 그러고는 두 사람에게 각각 화분에다가 다른 행동을 하도록 했어.

한 사람은 화분을 쓰다듬어 주고, 다른 한 사람은 줄기를 꺾어 버린 거지. 그랬더니 자기를 쓰다듬어 준 사람이 왔을 때는 식물이 잎을 더 활짝 펼쳤지만, 자기에게 상처를 준 사람이 나타나자 잎을 오므려 버린 거야.

[식물이 좋아하는 음악]

클래식은 지겨워!

| 5월 1일 월요일 | 날씨 이슬비가 내린 날 |

꽃이 음악을 좋아한다는 이야기를 들었다. 엄마는 꽃들에게 좋은 음악을 들려주어야 한다며 온종일 지루하고 따분한 클래식을 틀어놓았다. 듣기만 해도 잠이 솔솔 오는 음악이었다. 내 생각에는 꽃도 나처럼 아이돌 오빠들이 나오는 음악을 더 좋아할 것 같다. 오빠들의 노래를 들으면 신이 나서 춤을 출지도 모른다. 내일은 엄마한테 새로 나온 아이돌 그룹의 앨범을 사 달라고 해야겠다. 그런데 식물도 음악을 좋아한다는 게 사실이겠지?

음악에 춤추는 식물이 있다고?

식물도 음악을 좋아한다는 걸 알고 있니? 최초로 식물이 과연 음악을 좋아하는지에 대해 연구하기 시작한 사람은 진화론으로 유명한 다윈이야. 그는 미모사에게 나팔 소리를 들려주고 잎이 움직이는지 살펴보았다고 해.

그랬더니 미모사가 움직였나요?

아니, 미모사의 잎은 꼼짝도 하지 않았대. 그래서 다윈은 식물에게 음악을 들려줘도 소용이 없다고 생각했지.

하지만 인도의 한 과학자가 미모사에게 바이올린 소리를 들려주었더니 놀라운 결과가 나타났단다. 미모사의 잎이 움찔움찔 움직이기 시작한 거야. 미모사는 나팔 소리를 싫어해서 반응을 보이지 않았지만, 바이올린 소리에는 반응을 했던 것이지.

식물도 좋아하는 음악이 따로 있군요.

미국의 한 과학자는 호박 덩굴에게 바흐의 음악을 들려주었대. 그랬더니 호박 덩굴이 스피커를 감쌌다는 거야. 그런데 시끄러운 록 음악을 들려주었더니 호박 덩굴이 스피커와 반대 방향으로 자라더래.

음악이 듣기 싫어서 도망을 간 건가?

 그 후 과학자들은 식물이 좋아하는 음악을 들려주면 반응을 한다는 사실을 확실하게 알아냈지.
 식물이 좋아하는 음악을 '그린 음악'이라고 한단다. 식물은 주로 클래식을 좋아한다고 해. 클래식을 듣고 자란 식물은 다른 식물보다 더 빨리 자랄 뿐만 아니라 열매도 더 크고 맛있어진다더구나.

[식물의 자기 보호]

꾀를 내야지!

5월 20일 토요일 | 날씨 해님이 우물 안으로 들어온 날

미미는 여우처럼 꾀가 많다. 나랑 똑같이 용돈을 썼는데도 미미는 혼이 나지 않는다. 아빠한테 새로 용돈을 받아내기 때문이다. 나도 꾀를 내서 엄마한테 용돈을 받아보려고 했는데, 오히려 혼만 났다. 미미한테는 왜 꾸중을 하지 않는 거냐며 따졌다가 오히려 더 혼이 나기도 했다. 아무리 생각해도 미미는 내 동생이 아니라 꾀 많은 구미호인 것 같다. 그런데 식물도 여우처럼 꾀가 많다는데, 그 말이 사실일까?

알짜배기 과학 상식

꾀를 내는 식물이 있다고?

식물은 스스로 자기 몸을 지키기 위해 여러 가지 방법을 생각해 낸단다.

식물이 잎을 아주 많이 만드는 것도 놀라운 꾀란다.

잎을 많이 만들어 두면 애벌레가 잎을 갉아먹어도, 아기 사슴이 잎을 따 먹어도 문제없잖니. 그래서 다른 동물들에게 먹힐 것을 미리 염두에 두고 잎을 충분히 싹 틔우는 거란다.

또, 식물은 다른 동물이 잎을 쉽게 먹어치우지 못하도록 꾀를 내기도 해. 화살나무의 잎은 맛이 있어서 동물들이 아주 좋아하지. 그래서 화살나무는 쓴맛이 나는 화살 모양의 날개를 잎 가장자리에다가 만들어 둔단다.

엉겅퀴 잎에 날카로운 가시가 있는 것도 비슷한 이유에서란다. 동물들은 엉겅퀴 잎을 먹으려면 가시에 찔리는 아픔을 참아야만 해.

벚나무나 복숭아나무는 잎에 사마귀처럼 생긴 꿀샘을 만들어 놔.

벌이나 새가 와서 먹으라고요?

아니, 이 꿀샘은 벌이나 새의 것이 아니라 개미를 끌어들이기 위한 것이란다. 개미는 이 달콤한 꿀샘에서 꿀을 얻어먹고 나뭇잎에 생긴 진드기나 해충들을 쫓아 주지.

또, 송충이가 잎을 갉아먹으면 소나무 잎에서는 테르펜이라는 화학 물질이 뿜어져 나와. 이 물질은 송충이의 천적인 말벌이 아주 좋아하는 것이지. 송충이가 자꾸 솔잎을 갉아먹으면 솔잎이 말벌에게 도와달라고 부탁을 하는 거야. 덕분에 송충이는 솔잎을 함부로 갉아먹을 수가 없지.

[식물의 한살이]

아이고~
꽃도 나이가 든다고?

| 5월 23일 화요일 | 날씨 아침부터 포근한 바람이 분 날 |

엄마가 그러는데 꽃은 꽃잎이 지면 시들시들해져서 죽게 된다고 한다.

사람으로 치면 싹이 트는 것은 아기가 태어나는 거랑 똑같고, 꽃이 피는 건 한창 예쁜 젊은 시절이랑 똑같다고 한다.

그러니까 지금 예쁘게 피어 있는 꽃들은 곧 주름살 많은 할머니가 될 것이다. 이제 곧 할머니가 될 꽃한테는 절대로 반말을 하지 말아야겠다. 그래야 예의 바르고 착한 어린이가 되겠지?

그런데 식물의 한살이라는 게 뭘까?

알짜배기 과학 상식

식물의 일생은 어떻게 다를까?

식물은 싹을 틔워 새싹으로 자라고, 잎과 줄기가 자라서 꽃이 피고, 열매를 맺고 시들어 죽는 것이 일생이지.

싹이 트는 것은 아기가 태어나는 것과 비슷해. 싹이 쑥쑥 자라는 과정은 아기가 어린이로 자라는 과정과 비슷하지. 또, 어느 정도 자란 싹에서 꽃이 피는 것은 사람의 청소년기와 비슷하다고 볼 수 있단다. 열매를 맺는 건 중년기에 비유할 수 있고, 열매가 떨어지고 시들어 가는 모습은 사람의 노년기와 비슷하지.

늙는 것은 식물과 동물이 똑같군요.

그런데 이 모든 과정을 1년 안에 마치고 죽는 식물이 있는가 하면, 여러 해를 살아가는 식물도 있단다. 1년만 사는 식물을 한해살이 식물, 2년 이상 사는 식물을 여러해살이 식물이라고 하는데, 풀 종류는 대부분

잘가~

내년에 다시 만나!!!

한해살이 식물이고 나무 종류는 대부분 여러해살이 식물이야.

한해살이 식물은 딱 그해만 살다가 죽어. 예를 들면 해바라기 꽃은 싹이 트고, 줄기가 자라 꽃이 피고 나서 열매를 맺고, 그 열매에서 씨앗이 떨어져 번식하기까지 딱 일 년이 걸려.

하지만 여러해살이 식물인 대나무는 겨울에도 시들거나 죽지 않고 살아남아서 봄을 맞이해. 그러면 다시 처음처럼 싹이 트고, 꽃이 피고, 열매를 맺지.

한해살이 식물은 불쌍해요.

한해살이 식물은 1년만 살기 때문에 자손인 씨를 아주 많이 남겨. 벼, 콩, 녹두 같은 곡식도 한해살이 식물이고, 해바라기처럼 씨가 많은 꽃도 한해살이 식물이지.

[식물의 껍질]

새 옷이 사고 싶어!

| 9월 14일 목요일 | 날씨 한여름처럼 열 받은 날 |

은희가 어제 새 옷을 샀다며 마구 자랑했다. 아이들은 모두 부러워했지만 나는 아닌 척하고 콧방귀를 뀌었다. 하지만 속으로 정말 예쁘다고 생각했다. 새 옷을 입은 은희는 공주님처럼 예뻐 보였다. 사실, 은희 얼굴은 하나도 안 예뻤지만, 옷이 예뻐서 좀 더 예뻐 보인 거랄까? 엄마는 내가 못생겨서 옷을 입어도 태가 나지 않는다고 했지만, 정말 비싸고 예쁜 옷을 입으면 공주님처럼 보일지도 모른다. 그런데 나무는 새 옷이 입고 싶지 않을까?

알짜배기 과학 상식

나무껍질마다 모양이 다르다고?

나무의 어떤 부분을 나무의 옷이라고 하는지 아니? 바로 나무의 줄기를 싸고 있는 나무껍질을 '나무의 옷'이라고 하는 거란다. 나무껍질을 어려운 말로는 '수피'라고 하지.

나무는 저마다 입고 있는 옷의 모양이 달라. 갈라짐의 정도도 다르고, 무늬도 다르고, 색깔도 다르거든.

어떻게 다른가요?

소나무는 철갑처럼 거칠거칠하고 두꺼운 수피를 갖고 있어. 반대로 자작나무는 얇고 부드러운 흰색 수피를 갖고 있지. 반대로 벚나무와 느티나무는 거의 구분이 되지 않을 정도로 비슷한 무늬의 수피를 입고 있단다.

부드러운 옷이 예쁘다구!!!

[식물의 생활]

그만 좀 싸워!

| 9월 27일 수요일 | 날씨 비가 올 것 같은 날 |

나는 미미랑 하루에도 몇 번씩 다툰다. 오늘도 나는 미미랑 쿠키 때문에 다퉜다. 미미가 내 쿠키를 먹으려고 했기 때문이다.
엄마가 서로 조금만 양보를 하라고 하셨지만 미미한테는 양보를 하고 싶지가 않다. 미미가 얄미울 때가 너무 많기 때문이다.
그래서일까. 엄마는 서로 보기만 하면 티격태격 다투는 나랑 미미보다 사이좋게 지내는 꽃이 더 예쁘고 좋다고 말씀하실 때가 많다. 정말 식물은 서로 싸우지 않고 사이좋게 지내기만 할까?

알짜배기 과학 상식

우리는 평화주의자야!!

식물도 싸울까?

동물처럼 식물도 서로 싸울 때가 있단다. 좁은 공간에 가까이 심어져 있는 나무끼리는 서로 햇빛과 영양분을 더 많이 차지하려고 싸우지. 그러다 보면 다른 한 나무는 영양분을 빼앗기고 시들시들해지지. 한 화분에다가 서로 다른 종류의 씨앗을 심어 두면 서로 더 넓은 자리를 차지하려고 싸우는 걸 볼 수 있기도 해. 그렇게 다투다 보면 싸움에서 진 식물은 영양분을 충분히 얻지 못해서 심할 경우 죽기도 해.

하지만 모든 식물이 서로 싸우며 지내는 건 아니란다. 서로서로 손을 맞잡고 사이좋게 지내는 경우도 많단다.

역시 식물은 평화주의자야.

두 나무가 따로따로 자라다가 가지가 맞닿아 하나로 합쳐진 것을 연리지라 하고, 줄기가 합쳐진 것을 연리목이라고 한단다. 연리지나 연리목은 서로 따로따로였을 때보다 합쳐지면서 더 크고 튼튼한 나무가 되어 자라지.

베어 버린 나뭇등걸이 몇 년 동안 죽지 않고 그대로 살아있는 경우가 있는데 그건 다른 나무와 뿌리끼리 연결되어 있어서 서로 영양분을 주고받기 때문이란다.

식물끼리 서로 도우면 더 오랫동안 건강하게 살 수 있겠네요?

그래, 그건 식물도 동물도, 사람도 마찬가지겠지. 그래서 평화가 중요한 거란다.

경제를 놀이처럼 쉽고 재미있게!
스마트한 세 살 경제 습관이 여든 간다!

아빠가 알려 주는 경제 이야기

부자가 되고 싶다고요?
자유롭게 돈을 쓰면서 살고 싶다고요?
《태토의 부자 되는 시간》에는
부자가 되는 비밀이 들어 있어요!
똑똑한 경제 동화가 미래의 나를
부자로 만들어 줄 거예요!

경제동화 1 《태토의 부자 되는 시간》

돈으로 돈을 번다고요?
세계 최고의 투자자들이 말한 '자는 동안에도
돈을 버는 방법'은 무엇일까요?
본격적으로 부자가 되는 방법을 배우기 위해
태토가 세계 최고의 투자자들을 만났습니다.
태토는 그들에게서 무엇을 배웠을까요?

경제동화 2 《태토가 만난 주식 부자들》

어른도 아이도 재미있는 경제보드게임
미래의 부자를 꿈꾸며 재미있는 게임 한 판!

www.haksanpub.co.kr (주)학산문화사 문의 02-828-8